얼마든지 오래 울 수 있다

I Can Cry So Much Longer

세종마루시선 009

얼마든지 오래 울 수 있다
I Can Cry So Much Longer

2022년 10월 13일 초판 1쇄 발행
2023년 4월 18일 초판 2쇄 발행

지은이 허성우
펴낸이 윤영진
기획 이은봉 김백겸 김영호 최광 성배순
홍보 함순례
펴낸곳 도서출판 심지
등록 제 2003-000014호
주소 34570 대전광역시 동구 대전천북로 12
전화 042 635 9942
팩스 042 635 9941
전자우편 simji42@hanmail.net
ⓒ허성우 2022
ISBN 978-89-6627-225-9 03810

* 저자와의 협의에 의해 인지를 생략합니다.
* 이 책 내용의 전부 또는 일부를 재사용하려면 저자와 심지 양측의
  동의를 받아야 합니다.

세종마루시선
009

얼마든지 오래 울 수 있다
I Can Cry So Much Longer

허성우 시집

Song Woo Hur

시인의 말

스물두 살 네가 떠난 후
목적과 의미는
모두 사라졌다
말, 글, 언어라 부르는 것
다 무너져 내렸다

그때 문득
시가 찾아왔다
내 안과 밖 혹은 어디인지 모를 곳에서
눈물처럼 흘러나왔다
말로 다 할 수 없는 마음은
행간에 고여 있다

화석이 된 가슴
메마른 뜰을 적시며 흘러온 시들
행위도 소유도 아닌
나를 통과해 가는 자유

이 자유를 네 영혼에게 바친다
애도의 밤을 지나
새벽 앞에 섰으나
아침은 기다리는 오래된 문 앞에 있다

죽음을 슬퍼하는 모든 이들을 추앙하며
흘러왔기에 흘러가기를
묶이거나 막히지 않기를
바람 되어 어디로든 날아가기를

2022년 가을
허성우

차례

004 시인의 말

제1부 애도의 밤
012 무슨 말인지 모르겠네
014 얼마든지 오래 울 수 있다
015 단 한 번만
016 천년의 문
018 내 영혼의 양식
019 그 하나의 결핍
020 베란다 화원
022 꿈에
024 성주간
026 비행飛行
028 질문 1
030 질문 2
032 질문 3
033 내파
034 두 개의 추
036 말이 안 돼
038 세월호

040 　속죄
042 　금관의 예수
044 　돌아오지 마

제2부 애도의 새벽

046 　기억의 강
048 　엄마 되기
051 　진지개떡
052 　문장
054 　원룸
056 　메리 크리스마스
058 　축복해 주오
059 　겨우살이
060 　영원의 의미
062 　통영의 밤
064 　사라진다는 것
066 　액자에 걸린 희망
068 　아침기도

제3부 사랑 없이는

072 집
074 보리
076 하우아유
078 떠나간 사랑
080 꽃상여 어여 간다
082 여기까지
084 세 글자
086 자백
088 자기 배려
090 가출일기 1
092 가출일기 2
094 검은 밤
096 창

제4부 아픔 없이는

098 아픔 없이는
099 항동골 아침
100 젊은 날

102 　강의실에서
104 　여름의 끝
106 　이메일 출구
107 　구름이 된 말들
108 　아름다운 칼날
110 　서성이는 저녁
111 　1호선 지하철
112 　한 사내가 으흑으흑
113 　이 시대의 정의
114 　가을바람 불면
116 　그대를 잃지 않도록
118 　소나무
120 　치악산

123 　해설 깊은 애도, 그리고 카이로스 정순진

〈일러두기〉
*본문에서)는 '단락 공백 표시'로 한 연이 새로 시작된다는 표시이다.

The English Translation of Chapter 1
Mourning at Night

144   I Don't Understand What They Mean

146   I Can Cry So Much Longer

147   Only Once Again

148   The Door of a Thousand Years

150   My Spiritual Food

151   Losing the One

152   Plants at the Balcony

153   In a Dream

155   The Holy Week

157   Flying

159   Question 1

161   Question 2

163   Question 3

164   Implosion

165   Two Pendulums

166   That Makes No Sense

168   A Ship called Seweolho

170   Repentance

172   Jesus on the Golden Crown

174   Don't Come Back

제1부
애도의 밤

무슨 말인지 모르겠네

너를 잃은 슬픔
극복하라 하네
무슨 말인지 모르겠네

너 없는 날들
명랑하게 살라 하네
무슨 말인지 모르겠네

아픔 밟고 일어나
장하게 걸으라 하네
무슨 말인지 모르겠네

너를 잃은 삶
그 너머로 갈 수 없는데
너를 놓친 고통
그 너머에 닿을 수 없는데
다시 볼 수 없는 아픔
그 외부로 날아갈 수 없는데

뭘 어찌하라는 건지
도통 모르겠네

얼마든지 오래 울 수 있다

매일 자주 몇 시간씩 온종일
1박 2일, 2박 3일, 일주일
일년 그리고 몇년
얼마든지 오래 울 수 있다

허나 그렇게 웃을 수는 없다
웃음이란
예기치 못한 실수
입주변의 짧은 근육운동
곧 이지러져 오래 머물지 못해

눈물, 얼마나 인간적인지
온몸 구석구석
핏줄 세포 가득
스며들어 있다
언제라도 툭, 흘러나와
투명하고 맑은 존재 알리며
영원한 바다로 출렁인다

단 한 번만

다시 보길 원했어
영혼이 된 너
단 한 번만이라도
볼 수 있다면
사방 두리번두리번
아무리 허공을 노려봐도
잡을 수 없고 만질 수 없어
눈이 아팠네
눈을 감았네
몸을 떨었네
지평선처럼 막막하게
몸을 뉘였네
채워지지 않는 결핍
그리움은 그리움으로
뉘였네

천년의 문

사랑은 늘 결여
끝내 올 것 같지 않은
있지만 없었던 듯
왜, 어디, 언제냐고 묻자
천둥 같은 너의 대답
사랑이 더 필요했어요

쉽게 믿었던 사랑
까맣게 잊었던 사랑
막연히 욕망했던 사랑
상처 내며 판단했던 사랑
무기력하게 멈췄던 사랑
불안해서 미뤘던 사랑
이 모든 사랑

다 끝났다
어쩔꺼니
설명 따윈 필요 없어
아무것도

죽음을 돌려세우지 못한다

사랑에 대한 오랜 질문
밤새 내리던 눈
아침처럼 조용히 그치고
내 발걸음 너를 따라
천년의 문을 나선다

내 영혼의 양식

일용할 양식이란
몸으로 들어가는 게 아니라
몸에서 흘러나오는 거랍니다

된장찌개를 끓이다가
꼭 양파 때문은 아녜요
밥알을 씹다가 불쑥
아이랑 손잡고 걷는 여자
해묵은 라디오 낡은 노래
무시로 흐르게 놔두지 않으면
봇물처럼 일시에 터져
작은 숲 다 휩쓸어버린답니다

눈물의 밥
밥의 눈물
오늘도 내 영혼
그 양식 먹고 자란
작은 열매랍니다

그 하나의 결핍

그 하나를 잃음으로
모든 상실
더 이상 상실이 아니다

그 하나의 떠남으로
모든 별리
더 이상 이별이 아니다

그 하나의 부재로
부재했던 모든 것
어둠 속에서
둔중한 날개 접으며
몸을 감춘다

그 하나가 명을 달리함으로
남은 모든 것
제 운명을 넘어선다

베란다 화원

볼 수 없는 것
보고자 했네
그 마음 넘치고 넘쳐
뭔가 불쑥 흘러들어왔네
베란다 옹기종기
작은 화분 꽃들 잎새들
내게 말을 걸어왔네
화들짝 놀란 어느 오후

매일 마시는 공기 안에
볼 수 없는 뭔가 살아
다 보고 있어
마음과 말과 행동
모든 걸 다 알아

볼 수 없는 것
볼 수 있다고 굳게 믿은 때
볼 수 없는 것
잠깐 모습 보여주곤

홀연히 제자리 되돌아가네
빨간 꽃 초록 잎새들
비밀을 품은 화원

꿈에

사랑에 흠뻑 젖는다면
따스함에 맘껏 취한다면
굳은 바위 시냇물처럼 흐른다면
그건 꿈

어찌된 일인지
밝은 얼굴로 와선
만져 봐도 되니
네 만져도 돼요 낭랑한 목소리
현실처럼 불가능한 몸으로 오다니
그건 꿈

명멸하며 다시 온다 약속 없이
영원히 피어나지 않을 꽃잎처럼
끝내 열리지 않는 열쇠

설령 다시 온다 해도
네게 취하고 너를 마시는
그 어느 찰나

어떤 촉수로도
만지지 못할 꿈

성주간

성목요일
전화를 했어야 했다
어떻게 지내니 힘들지 않니
에세이는 어떠니
여행은 갈 수 있겠니
사랑해, 널 돕고 싶어
지쳤지, 널 도울께
말했어야 했다

곧 만날 생각에
세족례도 거른 채
성금요일 아침, 숨을 후욱 골랐다
거기 작은 방에서
홀로 숨 거두는 줄 모르고
침대에서 세상을 향해
마스터베이션을 했다
무심히 짐을 싸고
봄기운 아른아른
장바구니 들고 나갔다

〉
예수가 십자가에 달려
피 쏟으며 죽어간 오후
너도 그렇게 갔다
예수의 죽음은 부활로 전복되고
바이블이 쓰여졌다
난 너의 부활을 찾아
골고다 언덕길 오른다
너의 바이블은 아직 없다
진행 중인 채 비밀인 채
성금요일
예기치 못한 매듭을 짓고
내 삶, 그렇게 끝났다

비행 飛行

텅 빈 공간, 화살 같은 시간
선들이 그 한 점 통과해
무수히 교차하면
거기 뭔가 있다고 믿은 사람들

하늘로 날아간 너
너의 비행은 중력 너머
시공의 휘어짐인가
붙잡으려 아무리
많은 선 그어 봐도
입자인가 파동인가
암흑물질인가 에테르인가

빛보다 빠른 우주선
과거로 갈 수 있을지도 몰라
미스터 노바디나 인터스텔라처럼
허나 아무데도
무슨 방도로든
되돌릴 길 없지

〉
선 너머로 날아간 너
빙그르르 탈선, 탈주, 탈구
붙잡을 수 없는 너
언어를 빠져나간 너

끝없이 뻗은 은하수 철길
무한히 달려왔다
무한히 달려나가
눈부신 잔해만 남기고

질문 1

물음이 화살 되어 날아가다
날카로운 창으로 돌아와 박힌다
좀처럼 답은 돌아오지 않는다

아우성, 함성, 분노와 흥분
열망의 뒤범벅 복잡한 협곡들
계곡은 계곡으로
산은 산으로 이어져만 갔는데

긴 노동 속에
통곡하며 사랑을 물었지만
편협한 지식만이
목마른 위안이 되었을 뿐
버티던 다리 풀려 주저앉는다

이제 나는
무의미한 기호
희미해진 숨표
말 잃은 쉼표

가슴 닫힌 마침표
고꾸라지고 뒤바뀐 느낌표
꼬리마저 감춘 물음표
기표와 기의가 등 돌린
해독 불가능의 기호

질기고 오랜 물음에
처음으로
확연히 주어진 답

질문 2

너 떠난 후
수없이 물었다
너 없는 세상 어찌 살아야 하나
종국엔
네 죽음이 아니라
내 삶에 관한 질문

죽음이란 게
시간의 마지막 매듭
모든 것의 끝
그게 아니라면

블랙홀 넘어 뜻밖의 카이로스
첫아기 첫울음에
첫눈 내리는
그런 사건이라면

다시 물어야 하네
내 살아 있는 죽음과

네 죽음의 살아 있음을

심장 깊숙이
끝내 어두워 가장 빛날지 모를
네 죽음 조심스레 끌어와
매일 스스로 죽는다
너와의 마지막 연대로서의 죽음
내 삶의 방법으로서의 죽음

질문 3

왜, 왜, 왜
물음표들의 거대한 머리
활발하게 꼬리치며
얼마간은 네 부모의 정자와 난자
거기로부터 왔을지도 몰라

감겨오는 질문 털어내고자
지식을 사랑했으나
그것마저 배반할 줄이야
과감히 결별하기로 맘먹었고
그건 지상을 떠난다는 걸
의미했으나
넌 전혀 개의치 않았다

매 순간 울컥울컥 쌓이는
질문에 대한 질문들
가만히 듣기만 하고
대답 없는 땅

내파

슬픔은 행함이 없다
그렇게 되는 것일 뿐
무너지고 뒤집어진다
고개 숙여지고
몸 내려앉혀지며
무릎 꿇려진다

슬픔이 힘을 갖는다면
오직 신과 만날 때뿐
우리는 신의 세계에
한 다리를 살짝 걸쳤다
인간의 법칙과 신의 법칙
어떻게 다른지 모르지만
슬퍼서 죽지는 않는다
신의 약속이자 구원

시간 내부로 되돌아오지 않고
알 수 없는 외부를 열어젖히며
나를 찢고 지나가는 그런

두 개의 추

네가 없다, 생각하는 순간
감정은 통념이 되고
슬픔은 둔감한 상식이 되어
값싸게 흘러내린다
편협한 세속의 승리

영혼이 된 너
살아 있는데 볼 수 없을 뿐
너는 없는 것이 아니다
보이는 것과 보이지 않는 것
존재와 비존재
잃은 것과 얻은 것
등가교환도 부등가교환도
무엇과도 바꿀 수 없는
같은 저울에 달 수 없는

세속의 추와 신의 추
두 개의 반복운동
이쪽저쪽 왔다갔다

억울하게 흔들리는
두 개의 추

말이 안 돼

말이 안 돼
네가 가다니

너 가기 전날도 다음날도
매일 스스로 떠나는 사람들

삶을 금지당한 사람들
슬픔조차 금지당한 사람들
죄없이 눈물의 볏단 꾹꾹 묶어
텅 빈 가슴에 쟁이며

오늘도 어제처럼
내일도 오늘처럼
잡담하며 무심한 척
견디는 사람들
이들은 결백해

삶의 결정적 의미를
붙잡으려 했던 건

그건, 그건, 정말 완전히
말이 되는 거였지
근데 그게 죽음으로 끝난 건
결코 말이 안 돼

말이 안 되는 이 모든 것 속에
허우적거리며
미끄러져간 의미를 찾는 나
나도 말이 안 돼

세월호

죽어간 아이들 사람들
이유도 시간도 장소도 모른다
진실은 어디선가 잠시
빼꼼 얼굴을 내밀었지만
몸통은 끝내 보여주지 않는다

사람들,
울고 울며
모이고 모이며
걷고 걷는다

죽어간 건 그들만이 아냐
너의 나, 나의 너
우리도 같이 죽는다

진실은 결코 인양되지 않는다
이 악물고 가슴 치며 두 눈 부릅뜨고
순순히 무심히 반신반의 가물가물
받아들이는 너와 나

〉
미워해야 할 것도
용서해야 할 것도
말해주지 않는
깊고 깊은 바다
끝없이 파도치며
달려갔다 달려오는 죽음
거기, 나와 너

속죄

절친 다니엘에게 말했다지
좋은 아들이 되고 싶어
그러라 한 적도 없는데
영민한 무의식의 촉수
먼저 알아채버렸네

너무 열심히 살아 미안해
너무 많이 이뤄 미안해
세상을 바꾸려는 욕망은 과잉
자기를 바꾸려는 의지는 결핍

잘난 베이비 붐 세대
너무 넘쳐 미안해
너무 일해 미안해
너무 나대 미안해

속죄해야 할 세대들
속죄를 몰라
속죄를 잊어

속죄를 미뤄

더 미안할 수 없을 때까지
미안하고, 또 미안해

금관의 예수

햇살 은싸라기 쏟아지던 아침
발신불명의 택배
넌 눈부신 금관을
아들의 목숨과 맞바꿨다
죽음은 번개처럼 날카롭고
칠흑처럼 깜깜한데

춤을 춰야 해
왕이든 어릿광대이든
붉은 입술 하얀 치아
굽실굽실 머리털
장삼자락 휘날리며
사람들 몰려와 수군수군
봐, 금관의 예수래

더러는 슬프거나 낯설어
뜻 모를 눈물조차 동요하는
수만 가지 빛깔 감정들
알록달록 물든 채

끼리끼리 밥 먹으러 간다
육개장 국물은 식고
밥알은 되다

금관을 쓴 너
바람 가르며 너울너울
케사르의 것인지
하느님의 것인지

돌아오지 마

이 땅에 돌아오지 마렴
네 곁으로 가게 되면
나도 돌아오지 않길 바래

죽음을 그친 삶
고난을 마감한 시공

모든 걸 다 놓아줘
모든 걸 다 대답해
모든 걸 다 이뤄줘

매순간 쏟아지는 사랑
햇빛처럼 통과하도록
남김없이 흘러가도록

다시 돌아올 이유 없어
다시 돌아오지 않을 삶

제2부
애도의 새벽

기억의 강

나와 너의 시간
함께 섞이어 흐르는 강
그런 강이 있다면

찬란한 아침 햇살
넌출넌출 춤추되
놀랍게 고요했으면 해
눈부시게 넓고 푸른 강
튼튼한 어망 흔들어
팔딱팔딱 뛰는 싱싱한 물고기
건져 올릴 수 있다면

내가 아는 너
네가 아는 나
생각 너머 생각
기억 너머 기억
붙잡으러 달려가는 파도

신비한 빛깔 해초들

부드럽게 헤엄칠 때
가장 튼실한 기억 몇 줄기
스쳐가듯 만질 수 있는
그런 강이 있다면

엄마 되기

행복한 아가야
너는 맑고 선하고 밝았다
세상을 오래 쳐다본 눈
차창 넘어 망막 너머 그 어디든
깊게 바라보았지
말은 늦었고 관찰은 넘쳤다

외로움을 먼저 배운 너
나의 부재와 너의 상실
불안과 욕망으로
앓던 나 미쳐있던 나
나의 결핍, 결핍된 나
어딘가 묶여 아팠던 나

이번 일만 끝나면
이 공부만 마치면
이 논문만 끝나면
이 불안만 벗어나면
〉

비껴가고 놓친 기차
수없이 유보된 오늘
믿을 수 없는 미래에
순순히 내맡겼다

온전히 날 내어주려 했던
그 첫 봄날
싸늘하게 식어 유리창 너머
홀로 누워 있던 가늘고 기다란 너
파르란 옆 얼굴
다시는 만질 수 없었다

엄마는 나의 가장 소중한 무엇이야
엄마는 내가 아는 사람들 중 가장 관대한 사람이야
엄마는 얼마나 외로웠을까
따뜻한 그 말들
결코 되돌려 주지 못했다
하지만 사랑했다
기다려 주리라

한 치 의심 없이 헛되이 믿었다

죽은 너의 엄마로 산다는 것
죽은 네게 나를 내준다는 것
죽은 너를 사랑한다는 것
너 떠난 후에야
네 엄마가 되는 나
용서하고 고백하고 깨달아도
그 무엇으로도
되돌아오지 않는 너

진지개떡

누군가 말했다
당신은 내가 아는 이들 중
그 누구보다 진지합니다

외롭고 우울해서 지루했던 유년
진지함은 거기서 싹텄고
이십대에 사회과학과 여성학을 만나
그걸로 성년에 전성기를 맞이했다

가벼운 장난, 농담, 웃고 떠들기,
울고 끌어안기, 이불 속 간지럼 피기,
물장구치기, 멍때리기,
춤추고 노래하기, 같이 걷고 뛰기
너와 함께하지 못한 것들

진지개떡
맛난 개떡과도 비교불가
이제 손절이다

문장

수려하고 섬세한
미학적이지만 난해한
설득력 있고 풍부한
허나 그 어떤 것도
가슴 흔들지 못해
강도와 온도 다 잃었다

후두둑 바람에
투두둑 잎새 떨구고
드넓은 하늘 느리게 걷는 구름
보이지 않게 호흡하는 사람들
문장이 포착하지 못한
그 너머를 통과하는
수많은 틈, 새, 사이

너의 부재
강력한 자석처럼 모든 의미
단번에 끌어당겨 버렸다
서술들, 설명들, 해석들, 구조들

더 이상 작동하지 않는다
이제 문장文章은
무력하게 나동그라진
낡은 제국의 문장紋章

원룸

역곡 서너 평 원룸
낡은 옷칠 탁자와 머그컵
손톱깎이와 거울, 리모콘과 티슈
이게 다 뭐지
어디서 왔지 왜 여기 있지

물병과 열쇠, 스마트폰과 충전기
헤어드라이어, 빗과 로션
덩그마니 선 옷걸이
기다리는 옷가지들
물주전자와 후라이팬
이게 다 뭐지
어디서 왔지 왜 여기 있지

이 단순한 소품들
굳이 지금 여기
있지 않아도 될 것들
사소해서 또렷한
이 작은 것들

모두 네 몸의 소멸로부터

아무도 모르는 이 작은 방
홀로 쏟는 눈물조차
너로 인하여
모두 다 너로 인하여

메리 크리스마스

카톡방에 눈이 내려요
송이송이 작은 별
흰 눈꽃송이 점점이

메리 크리스마스엔
더 이상 눈이 오지 않아요
미세먼지 가득 비가 내려요
겨울은 자꾸 더워지고
사람들은 더 추워요
뜨거운 화산 얼어붙던 날
빙하로 떠난 스무 살 동생
돌아오지 않는답니다

카톡방에 눈이 내려요
단정한 리듬 반복되는 화면
젊은 꿈 둘러메고 갔던 너
사랑스레 포획한 물고기
의미와 상징의 잔해는
흔적조차 감추었답니다

〉
손목에 타투를 했어요
상실의 징표
부드러운 곡선을 타고
나도 천천히 녹아내려요
흔적 없이 지워지는
메리 크리스마스

축복해 주오

슬픔 속의 기쁨
기쁨 속의 슬픔

고통의 내피에 솟아난 환희
아픔의 내벽에 달라붙은 희망

서로 배신하지 않고
버릴 수 없고 버려지지 않는
슬픔과 기쁨의 강

한 번도 가보지 못한 길
이토록 낯설고 오묘한 시간

이토록 새로운 삶
그대여 축복해 주오

겨우살이

겨우살이 한 줌
주전자에 넣고 끓인다
네게 해주지 못한 것
나 먹어 보겠다고
팍팍 폭폭 끓인다

너 없는 인생
어떻게든 살아보겠다고
눈보라 추위 다 견딘
연푸른 잎 갈색 잔가지
칙칙 푹푹 끓는다

영원의 의미

넌 알았을 거야
어떻게 영원에 다다를 수 있는지
산 자들의 사랑은 대개 거짓말
떠난 후에라야
지워지지 않고 새겨질 수 있다는 걸

영원으로 가며
영원을 이룬 너
영원이 된 너
영원한 그리움이 된 너

아득히 잊었던 그 땅
차갑게 일깨우는 투명한 얼음
이래야 했니
꼭 영원의 이름으로만
남아야 했니

내 삶에게
내 신에게

묻지도 않았는데
낯선 불청객처럼 불쑥 찾아온
영원의 의미

통영의 밤

친구가 노래한다
이 또한 지나가리라
이 또한 지나가리라
술이든 삶이든
그 무엇에든 취하긴 했다

출렁출렁 길다란 불빛
바다에 빠지고
바람에 소스라쳐 놀란
물결의 살갗
오돌오돌 솟아날 때
하루를 마친 물고기들
날개 접어 바위틈으로
매끄럽게 숨는다

천길 물속 만길 하늘 속
밤을 완강하게 붙잡고
생기 잃은 채
숨만 할딱이는 나

〉
슬픔도 흥분일 수 있다는 걸
들뜬 뺨 눈물 훔치며
아침은 어떻게 왔을까
라면국물로 해장하고
가슴 한 겹 벗고
깔깔깔 선착장으로 달려나갔다

지나갔다고
지난 일이라고
추억이 될 수는 없어
하지만
떠나간 그 밤

사라진다는 것

저녁 어둠 자욱한
대나무 작은 숲
저만치 비켜 선 뿌연 가로등
나무들 길게 휜 몸
살짝 숨긴다

잎새들 사이 물안개 스미고
밤의 품에 파묻힌 야생초들
나지막이 주저앉은 마음
빛바랜 머리칼처럼
두어 줄기 반짝일 뿐이다

먹물처럼 얇게 번지는 숲
방향 없이 흘러
중심 없이 흩어져
형체 없이 움직여
서서히 편만하게 빨려들어
대답 없이 한사코
계속 사라져 갔을

〉
안개여 숲이여
지금 여기 어떻게든
알 수 없이 이유 없이
불현듯 그렇게 천천히
나를 흡입해다오
사라진다는 것
그게 어떤 사건이자 기적인지
알 수 있도록

액자에 걸린 희망

일어나는 모든 일
신의 뜻이라 믿었다
너의 떠남조차 신의 뜻인지
차마 믿을 수 없었다
믿지 않으면 절망
믿는다 해도 절망
출구를 찾지 않는다

네가 떠나고 남은 나
내가 아니다
내가 아닌 나는
신에게만 의미가 있다
너의 떠남으로 인해
너무나 특별해진 내 존재
신이 가혹하지 않다면
찾아야 할 건 희망

액자 속에서
스스로 뚜벅뚜벅

걸어 나올 때까지
유리조각 부서져
피 흘리며 나올 때까지
모든 희망을 유보한다
언제까지든

아침기도

당신은 아들을 데려가시고 나서야
모든 것을 주십니다
그토록 갈망했던 휴식
필요한 집과 가구
만날 사람들과 먹을 음식
알지 못했던 이들의 위로

행복하다고 말하는 사람들
흉내 내 보려고도 합니다
허나 날 때부터 당신이 주신
우울과 고통
그것이 나입니다

슬픔을 애착하지는 않으나
오래 살을 섞고 살아온 터
갑자기 생이별은 못합니다
천국의 빛을 애원하지만
그 빛, 목도할 수 없습니다
저 세상의 아들 다시 볼 수 없듯

〉
어둠을 영광으로 알겠습니다
슬픔과 외로움에서
빠져나오려고 애쓰지 않겠습니다
창조의 달디 단 과실로 여기겠습니다
어둠을 깊이 사랑하겠습니다

슬픔과 우울, 어둠을 용서하세요
당신이 내게 허락한 것
그 안에서 당신의 법을 따릅니다

제3부
사랑 없이는

집

진회색 기와 얹은 높은 지붕
갈색 나무판자 두르고
동네 깊숙이 박힌 적산가옥
일 년 열 번 제사 때마다
끙끙 앓던 어머니
일가친척 아이들 소란스레 북적이다
썰물처럼 빠져나가면
무겁게 가라앉곤 했던 집

쉿, 다치면 안 돼
참아야 해
말하면 안 돼
상처 줄지 모르잖아
가난한 사랑법이었네

집이 나를 버렸다고
내겐 집이 없다고
늦은 밤 귀가길
골목마다 담벼락마다

소중한 경구처럼
꼭꼭 새겨 넣었지

올해 새 집을 지었네
탁 트인 창 햇살 밝아
정겨운 화분들 꽃잎 틔우고
세상 떠난 아들의 얼굴조차
환히 빛나는 집

다투고 다독이고
다독여지다 튕겨나가는
서툰 사랑에 슬픈 거실
기억이 날 속였다는 걸
그들도 단지 아팠을 뿐인 걸

생의 막다른 골목
집이여
제발 나를 품어다오

보리

잘 알지도 못한 채
자궁에 품게 된 너
너를 낳고 얼마나 기뻤는지
허나 기쁨이 절망을
구원하지 못한 건
결코 네 탓이 아니야

넌 세상을 깊은 우물처럼 들여다봤지
망막에 맺혔을 진실에 비하면
터무니없는 짓 몇 번쯤이야
귀여운 고양이 장난
언제나 밝고 지혜로웠다

나의 일부이자 나를 넘어선 너
날갯짓 서툴 땐 붙잡으려 했지
이제 지상에서
너의 풍요로운 비행을 숭배한다

나도 몰랐던 사랑을 배운 너

사랑해요 엄마, 그 말에
갑자기 눈시울 뜨거워
황급히 도망쳐 온
내 유년의 우울한 뜨락
온갖 이유를 실은 풍선들
날아가 버린 들판

넌 그 겨울 들판 뚫고 왔구나
푸르게 자라 알알이 맺혔구나
살아있다 손짓하며
햇살 속에 여물어가는 보리

하우아유

예의바른 영국 친구들
인사하며 싱긋 하우아유
움찔, 마술처럼 튀어나오는
아이 엠 화인
늘 '화인'하지는 않지만
실은 '화인'하다며 웃는다

그 여자는 결코 하우아유 묻지 않는다
그걸 묻게 하려고
젊은 날 지랄발광의 총량을 초과했으나
지랄은 제대로 발광도 못한 채
처참한 객기만 무성했다

그 남자는 결코 하우아유 묻지 않는다
자신이 어떤지 가득 쏟아놓고
하우아유 까맣게 잊는다
왜라는 건
식민의 삶에서 등불이 되지 않아
왜란 없어

그런 거야 그렇게 되어버린 거야

그래도 궁금해 왜 묻지 않는지
내 존재의 이유
내 존재의 오늘
내 존재의 사랑
내 존재의 절망
마른 겨울나무처럼 떨며
기다리는 밤

떠나간 사랑

술, 그놈에 술 때문이다
몸 뜨겁고 마음 춥던 사람들
낡은 선술집 옹송거리며
연탄 화덕 하얗게 지샌 밤

사랑해 말 한 잎
맑은 술잔 위에 동동 떠다니다
눈 떠보면 낯선 아침
초라한 베개처럼 덩그마니
어머니는 혀를 차며
숙취를 나무랐지만
손바닥 가득 일렁이는
애무가 어지러워

그 새벽, 다들 풀죽은 가방 챙겨
제 갈 길로 갔다는데
내 사랑이 어디로 갔다는 말은
끝내 듣지 못했다
〉

휴일점심 혼밥 한술

심심한 콩나물국에

짭짤한 눈물줄기 말아 먹는다

꽃상여 어여 간다

당신의 참모습
두 눈 뜨고 본다
무엇이, 낭만이라는 이데올로기
성적 열망 혹은 무지와 교만
무엇이 가로 막았는가

새털처럼 가볍게 룰루랄라
살고 싶었는데
중력인가 은총인가
내 상처 너무 아파
네 상처 보지 못했다

절룩이고 쓰러지며
당신을 이고 지고 어여 간다
산 넘고 물 건너 어여 간다
행여 놓치면
산산이 부서져 깨질까봐
당신을 이고 지고 어여 간다

눈물콧물 땀 뻘뻘
심장에 박힌 핏줄
꽃길 상여길 갈 때까지

여기까지

난 받지 못할 것들만 원하네
넌 받을 수 있을 것들만 원하네
내가 줄 수 없는 것까지 원하네
여기까지, 이제 그만

천사처럼 빛나는 날개가 있다면
날카로운 지성의 칼날에
빨간 심장 후욱 베어본 적 없다면
순박하게 다정한 봄날
너를 안고 마냥 춤췄을지 몰라

넌 어미에게 젖 달라
떼쓰듯 원하네
어미가 주었어야 할 소망
어미 잃은 내게
말라버린 젖 내놓으라 하네

남몰래 흔들린 시간
아무도 보는 이 없는데

문 닫아걸고
아무도 듣는 이 없는데
숨죽여 우는 건
바람 차서만은 아니지

황량한 사막에 예고 없이 들어와
낯선 바퀴 자국 남기고
모래바람 휑하니 빠져나가는
무례하고 무심한 제국의 자동차
안녕 고맙다 인사도 없이
여기까지, 이제 그만

세 글자

사. 랑. 해.
(당신은 행복한 거야 행복한 거라구)
이부자리 희미한 햇살조각에
낙엽처럼 떨어지는
사. 랑. 해.

세 글자 그 소리
사랑인 줄 알고
왈칵 눈물 쏟았었다
돌아보니
갈증과 열망이었을 뿐

사. 랑. 해.
낯선 나라 말처럼 신중히 발음해 본다
지하철 계단이나 취한 밤거리
단장한 도시의 공중화장실
잘 차려입은 공원길
어디서든 맥없이 휩쓸려가는 걸
참을 수 없기에

〉
사. 랑. 해. 세 글자
가끔, 아니, 자주
사. 랑. 해. 줘.
네 글자로 들린다
사랑해. 줘. 줘. 줘. 줘.
왜 한 음절을 빠뜨릴까
오늘도 아무 일 없는 듯
싱그럽게 웃으며
사. 랑. 해.
(행복한 거야 당신은, 행복한 거라구)

자백

사면에 걸려 있다 덕지덕지
우윳빛 페인트의 완강함이 놀라워
빛이란 게 있긴 하다는데
검푸른 슬픔과 잿빛 우울
이불 휘감는 비감한 몸
기러기 울음을 꾸꾸 토한다

비스듬히 다가와
말 건네는 오, 친절한 벽이여
배반을 잊은 사려 깊음이라니
따스함의 허기에 지쳐
두 번 우려 낸 레몬 티백
차갑게 식은 찻잔
양손으로 겸손히 받들어 올리나니

오래전 허름한 학사주점
서서히 무너지듯 짧은 몸 기울여
메마른 입술 맞추던 연인이 묻는다
넌 따스한 게 좋으니 차가운 게 좋으니

〉
그땐 칼바람 몰아치면
허술한 옷가지로도 동장군처럼 쌩쌩 신났다
하얀 눈보라 빛나는 얼음꽃
왜 그리 좋았는지
스스로 북방에서 온 삶이라 믿었다
차가움 쯤은 문제되지 않았다
젊음이 막무가내 뜨거웠으니

뜻하지 않은 봄날
어깨 감싸며 안아주던 이들
이방인처럼 다 떠났다
어디서든 어디로든
숨을 곳이 없다

자, 여기 있소이다
나를 투옥하시오

자기 배려

낡아빠진 헝겊 조각
부엌바닥에 널브러져 있다
불현듯 생각났다
처음부터 오늘이 있었던 건 아니지
그땐 참 맑았고 조심스럽다 못해
애처롭기까지 했다
수없이 다가갔다가
거절 아닌 거절로 돌아왔던 긴 밤

사람들은 자기만 옳다고 믿는다
맑디맑은 밀가루 반죽처럼
흘러내리는 존재의 약점들
자꾸 치켜 올리며
옛날을 잊고 오늘을 변명한다

알 수 없는 건 나
그가 해석한 나
결핍에서 엉금엉금 기어 나온 아침
커튼 활짝 열어젖히며

당신이 그랬잖아 그랬다구
자랑스럽게 말한다

내 안에 호랑이 두 마리가 산다는 걸
일찍이 몰라 죄송합니다
허나 용서할 자는 그대가 아니다
그건 나만이 할 수 있다
한 번도 되어본 적 없는 나
그런 내가 되어
어디론가 돌아갈 수만 있다면

가출일기 1

탄생이란 애초에 울음이다
기억이 아무리 이기적이라 해도
햇살 까르르 부드럽고 간지러운 웃음
꿈에서라도 정녕 보이지 않았다

우는 여자는 마땅히 부끄러워할지니
외출을 삼가시오 부득이
나갈 시에는 쓰개치마나 선글라스로
부어오른 눈두덩을 가리시오

행복하세요 행복의 꽃을 사세요
우린 행복해야만 한다니까요
당혹스런 21세기
사랑해요 고객님, 남편과 아내, 연인과 친구들,
셀럽님들 모두 사랑해요 하트 뿅뿅

20세기 우울로 잔뼈가 굵은 그녀
행복이 뭔지, 빠져나가는 의미들
낯선 광선에 시력을 잃는다

광기, 광기는 어떠한가요
혼자 말하고 혼자 소리치며
혼자 손짓하며 걷기
몽롱해질 때까지 술 마시기
외로움에 진저리치더라도
사람 없는 거리, 혼자 춤추다가
큰 대자로 드러눕기
이건 행복이 아닌가요

눈물 거두고 정신 차렷
오랜 벗들의 명예는 지켜야 해
섣부른 행복의 신화로
날 우스갯거리로 만들지 마시오

그건 좀 더 좀 더 좀 더

가출일기 2

거센 물결 늘 휘몰아친다
그는 스스로 어찌하지 못한다
파도처럼 철썩이고 출렁이면
여자가 심하게 멀미한다는 걸
남자도 안다

여자는 남자가 여자를
이해하지 못한다는 걸 안다
여자가 그것을 안다는 걸
남자가 아는지는 알지 못한다

파도치는 남자에게
고요한 바다란 없다
그에게 정적은 징벌
허나 고요와 침묵은
여자가 가장 사랑하는 것
그들을 가르는 운명
신이 운명을 바꿀 수 있는지
알지 못한 채

그들은 각자의 속마음
신에게 주었다

되돌아갈 수 있을까
억겁의 시간 뒤
견고한 경험의 두께
존재한다고 믿었던
모든 것의 무대 뒤쪽
길고 좁은 비밀통로
어둡게 흩어진 미로
그 넘어 어딘가로

검은 밤

사랑을 모르는 자들아
너희가 서로 사랑하라
당신은 말합니다
지구의 언어이자 우주의 언어
끝내 닿지 못할
빛의 자리에 남은 건
욕망의 검은 그림자뿐입니다
당신의 법은 우주의 미끄럼틀
단 한번 제대로 미끄러지려고
수없이 오릅니다
잘못된 자리 예기치 못한 착지에
주저앉고 엉덩방아 찧으며
씩 웃기도 합니다
온전한 사랑과 빛
내가 아는 건 오직 그 파편일 뿐
당신은 빙그레 웃습니다
나는 당황해 진땀 흘리며
놀라고 신음합니다
내 인간됨을 고백합니다

당신을 사랑한다고 말하지 못합니다
고치 속에서 꾸물거리는 나
작은 벌레입니다
21세기 자본주의의 사랑
당신이 말하는 온전한 사랑
이것들이 사랑, 러브, Love
같은 말로 쓰인다는 건
있을 수 없는 일이
일어난 것과 같습니다
두 가지 사랑 다 모른 채
검은 망토 뒤집어쓰고
어둔 밤 걸어갑니다

창

따스한 기억
따스한 습관

따스한 뜨락이 없었던 이들은
따스함을 몰라요 주님

인간의 어둠이
당신의 빛을 가두나이다

제4부
아픔 없이는

아픔 없이는

지나온 모든 것
시절들, 사건들, 사람들, 인연들
가로등 점점이
은빛으로 돌아온 저녁

눈물 없이 돌아보았던 일
슬픔 없이 걸어갔던 길
아픔 없이 기억했던 사람
나를 구출하고
미망을 채우고자
버려두고 도망쳤던 시간들

아픔 없이 뒤돌아볼 수 있는
그런 밤, 다시 오지 않으리

항동골 아침

동그란 항동골 뒷산
싸리꽃 사이좋게
조롱조롱 피었다
하아, 예쁘기도 하지

봄 이슬 맑은 구슬 머금은
제비꽃망울
작은 새 입술들
어쩜, 함초롬하기도 하지

하얀 싸리꽃 너무 예뻐서
청보라 제비꽃 너무 참해
자박자박 걸음 멈춘
아침 등곳길

젊은 날

지하상가 분수대 앞에 앉아
그때, 난 뭘 먹고 있었나

식빵덩어리 마른 손가락으로 찢어
한 움큼씩 처넣고 있었다
빵의 허연 살점들
우물우물 몸부림쳤다

그때, 난 뭘 입고 있었나
아버지가 남긴 검정 외투

세월의 먼지 켜켜이 삼킨
낡은 모직천 세포들
그 두꺼움과 무거움을 견딜 때

갑자기 대각선 방향의
병실에서 튀어나온 남자
낚아챌 듯 쏘는 눈빛,
나는 뛰었다

〉
멍한 시선, 굽은 어깨
내팽개치고 냅다 뛰었다

즐비한 가게들, 붐비는 사람들
뒤로 밀쳐내며
버스처럼 부르릉 도망쳤다

단지 배고팠을 뿐이야
날 끌고 가지 마
가위눌린 듯 저항했다

그는 죄가 없었다,
끝 모를 허기
자욱한 불안의 향기
코끝에 닿아 킁킁 다가온 것일 뿐

강의실에서

상상력 자극하는
풍부한 말과 글이 좋아
질투와 선망에
헛된 열정 쏟았다

가슴 뛰지 않으면
뇌는 숨죽어
생기발랄한 언어들
뜨거운 아스팔트에
납작 들러붙는다
씹다버린 껌처럼

내 팔팔한 심장과 허파
누가 탈취해갔나
수년간 심문했으나
누구도 찾을 수 없었다
술술 다 빠져나갔다
가면을 쓴 얼굴들
슬슬 뒷걸음질 하고

나만 피할 곳 없이 남았다

차가운 강물에 빠진
따뜻한 가슴
굳은 화석이 되어
강의실 교단 위에 전시된다

여름의 끝

매미들 세차게 울어대고
말복 지난 바람
나뭇가지 끝에서
몸 흔들어 땀 식힌다

여름 내내 일했는데
남은 일은 산더미
울고 싶다가 참다가
조금 울었다

이걸 원한 건 아니었는데
사람과 사람이 만나고
이해하고 이해받으며
사랑하고 사랑받으며
신뢰하고 신뢰받으며
사는 듯 살고 싶었는데

혼자 남아 빙빙 돌며
어쩌다

이렇게
멀리까지 왔다

이메일 출구

이름은 많으나 사람이 없고
사람은 많으나 벗이 없다

스킨십은 넘치지만
따뜻하진 않다

충성하는 몇 명만 거느린다면
괘념치 않는다는 소문이 무성하다

지문처럼 새겨진
아이디와 비밀번호

수백 수천 개 말들
아무도 없는 글자들

매일 열고 들어가면
곧바로 닫히는 문

하루의 잔해를 토해놓고
갈 길 잃은 출구

구름이 된 말들

자고나면 책들이
산더미처럼 쌓입니다
더러는 진실을 외면합니다

활자들의 세상 밖
가슴에 말을 새기는 이들
흔적 없이 흩어져
구름이 된 말들
무리지어 하늘 떠돕니다

말 이전의 말
말 이후의 말
심장 열어 토한 삶
모두가 볼 수 있는
그런 책을 기다립니다

아름다운 칼날

김장 배추들
트럭에서 주루룩 풀려난다
멍든 몸 지친 살갗
겨울은 운명이니
여인들 사내들 무심히 잡담하며
시들고 푸른 외피
칼날 죽 그으면

거기
눈부시게 하얗고 노란 속잎들
이게 나야
찬연히 빨간 심장
뚝뚝 피 흘리며
켜켜이 쌓인 영혼의 속살도
곧 드러날 게지

깊이나 심층이란 건
늘 모호해
서릿발처럼 번쩍

뿌연 안개 날카롭게 가르는
아름다운 칼날
그 칼날을 내게 주시오

서성이는 저녁

가을 왔다
낙엽 진다
바람 분다

단 몇 초
단 몇 분은 쉴 수 있잖아
쉬지 못하는 나

보지 못하고
듣지 못하고
말하지 못하는 이들 속에서

너무 많은 시간
너무 강한 열정으로
나를 던졌다

낮은 하늘
회색 구름 가득하다

1호선 지하철

전세는 올랐는데 일을 잃었을까
노란 얼굴 건디는 콧날
얇은 입술 떨리는 실망
핑크색 운동화가 어색했다

이번 역은 ㅇㅇ입니다 내리실 문은 왼쪽입니다
어디론가 가야 해

흠칫 놀라는 그 여자
시속 45km 거꾸로 달아난다
유리창을 적시는 눈물
맴맴 돌다
희미한 빛 한줌으로 툭 떨어진다

한 사내가 으흑으흑

재개발 앞둔 아파트
가을비 축축한데
철지난 청바지에 허술한 점퍼
걸어나온다
은행잎 떨어진다

수목원 산책길 지나
재활용 쓰레기 수거장
역한 냄새들이 턱 막아서는
여기 보금자리 아파트가 들어선다는데

처진 어깨 기우뚱거리며
술 취한 건 아냐
가련한 시대정신 중독도 아냐
개콘과 토크쇼에 드립치며 웃는
동네의 흔한 밤
한 사내가 으흑으흑

이 시대의 정의

정의의 이름으로 미워하고
정의의 이름으로 배반하고
정의의 이름으로 편 가르고
정의의 이름으로 단죄하며
영혼을 잊은 사람들

자신을 배반한 정의
불안하게 허공을 떠돈다
한때 같은 길 간다고 여겼으나
이제 길을 달리하니

구겨지고 오염된 정의
생명을 놓친 정의
사랑을 잃은 정의
은총을 버린 정의
진실을 속인 정의

하느님의 어린양
부디 용서해 주세요

가을바람 불면

가을바람 불면
아궁이불 매캐한 겨울 내음이 밀려왔다
긴 추위 고된 일상 배반하듯
상쾌하고 짜릿한 예감
겨울 초입엔
늘 가슴이 설렜다

마른 나뭇잎 냄새
무성한 수풀 비어가고
나무들 우수수 옷 벗는 소리
맨 몸 드러낼 때
그 정직함이 좋았다

섬세하고 아련한
잔가지 가느다란 선들
그 너머 푸르고 너른 하늘
시선을 사로잡았다

가을바람 목덜미 스치면

소스라치듯 깨어나는 몸
또렷한 존재감에
무겁던 걸음 날아갈 듯했다

나도 바람처럼 불고 싶었다
바람처럼 날아가고 싶었다
내 가슴 어디 가장 깊숙한
끝내 닿을 수 없는
못내 그리운 그곳으로

그대를 잃지 않도록

무거운 시간 끝에 평화
목 메이게 그리던 그대
다신 잃지 않으리

길 잃고 흩어지는 마음
긴 그림자 드리운 슬픔과 고통
다시 오면 어쩌나
오겠지 올 거야
폭풍처럼 파도처럼 불어오겠지
허나 스쳐갈 거야
영원히 깃들진 않을 거야

당신이 떠나가면
단지 견디며 조용히 기다려야 한다는 걸
맨 몸으로 폭풍우 가로질러
언덕배기 밤새 걸어가야 한다는 걸
이제야 배우는데

그대 평화, 금방 떠날까

하늘을 본다
따뜻한 눈물 훔치며
가슴 저린 산책길

소나무

나무를 좋아합니다
내 별칭은 나무였습니다
나는 어디에도 없고
누구와 만나느냐에 따라
달라지는 그런 나무

얼음 뒤덮인 겨울 호수 건너
옹기종기 마을이 된 나무들
소나무와 친해지라 귀띔해 준
평택 사는 아로마 테라피스트

소나무 살갗은
아기 거북이 등 같았습니다
거기 손 얹고
내게 기운을 줘,
말 걸었습니다

그러자
손등은 찬바람 얼음장인데

포근한 온기가 손바닥을 채웠습니다
내 마음 받아준 나무
고마웠습니다

치악산

바다가 좋았습니다
바다를 보면
파도처럼 일렁이는 가슴
쿵쿵, 뛰었습니다
지루함이라곤 다 잊은 물결들
그러다 와락, 슬퍼졌습니다

오늘은 치악산 자락
멀리서 바라봅니다
난생 처음 산이 좋아집니다
해질녘 구불구불 등성이들
평온히 살아온 충실한 애견처럼
다 안다고, 다 괜찮다고
순하게 눈감고 모로 누워 잡니다

철썩이며 나 여기 있다
외치지 않고
가장자리만 남긴 채
고요히 침묵합니다

말을 접은 산

넘어가는 석양은

아침을 기다리며

짙은 어둠 천천히 품습니다

해설

깊은 애도, 그리고 카이로스

정순진(문학평론가)

　허성우를 처음 만난 것은 1998년 어느 날이었다. 알고 지내던 시인을 만나는 자리에 나가보니 그가 와 있었다. 이름은 들은 적은 있지만 그게 첫 만남이었다. 내게 대전여민회라는 여성시민단체의 이사가 되어 달라고 청하며, 부탁할 때 페미니즘 강연만 해주면 좋겠다고 했다. 페미니즘문학비평을 하는 나로서는 그저 이름만 좀 걸어주면 힘이 된다는데 딱 잘라 거절하기 어려웠다. 그렇게 허성우와 대전여민회와 인연을 맺었다. 그 후 나는 대전여민회 회장까지 맡게 되었고 거기서 여러 여성들을 만나며 색다른 경험을 했다. 벌써 거의 20년 전의 일이다. 그 사이 그가 영국에서 여성학 공부를 했고, 귀국하여 성공회 대학에서 강의한다는 소식을 건너 건너 전해 들었다. 그러다 2014년 12월 어느 자리에서 우연히 그해 부활절 무렵 아들이 세상을 떠났다는 말을 전해 들었다. 그 기막힌 소식을 품은 채 돌아왔고, 시간은 무심히 흘렀다. 올봄 허성우는 이 시집 원고를 내게 보내왔고 오랜만에 만나서 지난 이야기를 나누었다. 그저 어떤 가치를 같이한다는 믿음과 짧은 순간 함께했던 젊은 여성활동가였던 그. 이십년 넘은 지금 아들을 잃고 그가 쓴 시를 통해 문학평론가로서 다시 만나게 되었다.

살면서 경험해 보니 사랑하는 사람을 저 세상으로 보내는 일이 가장 힘들다. 나보다 먼저 태어나신 분이니 먼저 갈 거라고 알고 있던 부모를 보내는 일도 어려운데 나보다 먼저 갈 거라고 꿈에도 생각해보지 않은 자식을 보내는 일이 얼마나 슬프고 아플지 감히 상상하기도 어렵다. 나는 가장 가깝게 지낸 동생을 하루아침에 잃었고, 아들이 세 번이나 죽음의 문턱에까지 가는 일을 겪었다. 또 같이 사는 시어머니가 연거푸 자식을 앞세워 보내며 고통 받는 걸 지금도 지켜보고 있다. 그래도 그 고통이 어느 정도일지는 가늠하기 어렵다.

원하는 사람은 아무도 없지만 사랑하는 사람을 떠나보내는 일은 누구나 경험한다. 이 고통과 슬픔을 삶과 연결하기 위해서는 애도가 필수적이다. 물론 애도의 방법과 기간은 사람마다 다르다. 처음 이 시집 원고를 보았을 때

출판하는 게 좋겠다는 의견을 낸 데는 상실을 경험하는 수많은 사람들이 이런 애도의 방법과 애도과정을 읽는 게 위무가 될 거라 여겼기 때문이다.

  고통은 소통이 불가능하다. 진심어린 위로라며 건네는 말은 폭력이 되기 일쑤다. 그저 그 사람 옆에 함께 있어 주는 것, 고통의 시간 동안 옆을 지켜주는 것, 그 사람의 울부짖음, 한숨, 토막말, 울음을 들어주는 것, 그것이 우리가 할 수 있는 최선이다. 이 시집은 먼저 말하지 않고, 그저 옆에 존재하다가 시집을 열면 그때 그 생생한 아픔과 슬픔을 증언할 테고, 고통의 밤이 지나고 새벽이 오는 과정을 천천히, 나직하게 들려줄 것이다. "우리 모두 깜깜하고 추운 밤바다를 혼자 표류하고 있지만, 반짝이는 등대를 바라보며 마음속으로 소통하는 일이 삶의 유일한 위안"(정희진, 『편협하게 읽고 치열하게 쓴다』, 교양인, 2021)이라면, 이 시집은 그런 등대가 될 것이라 믿는다.

1. 아들이 떠나가다

  삶이 두 동강 나버리는 충격적인 일과 마주치게 되면 그 이전으로는 절대 다시 돌아갈 수 없다. 그런데 일을 당한 사람은 그때를 자꾸 곱씹어보게 된다. 시간을 되돌릴 수 있는 방도를 찾기라도 하는 것처럼.

곧 만날 생각에
세족례도 거른 채
성금요일 아침, 숨을 후욱 골랐다
거기 작은 방에서
홀로 숨 거두는 줄 모르고
침대에서 세상을 향해
마스터베이션을 했다
무심히 짐을 싸고
봄기운 아른아른
장바구니 들고 나갔다

예수가 십자가에 달려
피 쏟으며 죽어간 오후
너도 그렇게 갔다
예수의 죽음은 부활로 전복되고
바이블이 쓰여졌다
난 너의 부활을 찾아
골고다 언덕길 다시 오른다
너의 바이블은 아직 없다
진행 중인 채 비밀인 채
성금요일
예기치 못한 매듭을 짓고

> 내 삶, 그렇게 끝났다
>
> ―「성주간」 부분

 생판 남인 내가 읽어도 울컥한다. 곧 만날 생각으로 기대에 부풀었다가 이런 참담한 상황과 맞닥뜨렸으니 얼마나 황망했을까. 읽는 사람도 턱, 기가 막히는데.

 세상을 떠난 때가 마침 성주간이고 기독교인이니 예수를 소환하지 않을 수 없으리라. 예수의 죽음은 부활로 전복되고 바이블이 쓰여 전 세계 사람들을 세세년년 구원의 길로 이끄는 구원사적 사건이 되었는데, 그렇다면, 그렇다면 내 아들은?

 느닷없이 들이닥친 파국을 마주하고 무슨 말을 할 수 있으랴. '내 삶은 끝났다'는 절규 이외에. 압도적으로 밀려오는 슬픔과 고통은 사유를 허락하지 않는다. 그리고 사실 '끝났다'나 '고통스럽다'는 말조차 할 수가 없다. 그저 멍한 채 의사죽음의 상태에 머물 수밖에.

 그런 사람을 두고 사람들은 위로한다면서 말을 건넨다.

> 너를 잃은 슬픔
> 극복하라 하네
> 무슨 말인지 모르겠네
>
> 너 없는 날들

명랑하게 살라 하네
무슨 말인지 모르겠네

아픔 밟고 일어나
장하게 걸으라 하네
무슨 말인지 모르겠네

너를 잃은 삶
그 너머로 갈 수 없는데
너를 놓친 고통
그 너머에 닿을 수 없는데
다시 볼 수 없는 아픔
그 외부로 날아갈 수 없는데

뭘 어찌 하라는 건지
도통 모르겠네

―「무슨 말인지 모르겠네」 전문

"슬픔을 극복해야 해", "그만 하면 됐어", "아픔을 밟고 일어나", "산 사람은 살아야 해"…도통 무슨 말인지 알 수 없는 말들. '영혼의 양식이 눈물'(「내 영혼의 양식」)뿐인데, '얼마든지 오래 울 수'(「얼마든지 오래 울 수 있다」) 있는데 우리 사회는 그 애도 기간을 기다려주지 않고 서

둘러 매듭짓고 싶어한다. 상대방을 위한다는 명분 아래.

내가 하루 종일 아무 때나 울고 다니던 시절, 가장 크게 위로 받은 말은 "실컷 우십시오"였다. 그 외 다른 어떤 말도 들리지 않았다. 그런 시절엔 '단 한번만'이라도 보고 싶은데 영원히 채워지지 않는 결핍(「단 한 번만」), "그 하나의 결핍"으로 "모든 상실/더이상 상실이"(「하나의 결핍」) 아니게 되고 속수무책 무너지고 부서질 뿐이다.

"슬픔은 행함이 없다/그렇게 되는 것일 뿐/무너지고 뒤집어진다/고개 숙여지고/몸 내려앉혀지며/무릎 꿇려진다"(「내파」). 이 도저한 슬픔과 고통 속에서 시인은 지난 일을 끝없이 반추하고 참회한다.

2. 죄책감과 속죄

죄책감은 부정적인 상황이나 결과에 대해 양심의 가책을 느끼는 감정이다. 누가 뭐라고 해서가 아니라 스스로 자신의 행동을 돌아보고 반성하며 스스로 결과에 책임을 지고자 하는 마음이니 합리적인 죄책감은 자신을 올바른 방향으로 나아가게 하는 동력이 될 수 있다. 그러나 자신이 붕괴될 정도로 크나큰 상실을 경험한 이후에 나타나는 죄책감은 극대화된다. 모든 것이 '자기 탓'으로 여겨지는 심리 때문이다. 지금 일어난 상실을 수용하기 어렵기 때문에 자기 부정이 일어나는 지극히 당연한 현상이리라.
 앞에서 인용한 「성주간」 1연은 자책으로 시작한다.

> 성목요일
> 전화를 했어야 했다
> 어떻게 지내니 힘들지 않니
> 에세이는 어떠니
> 여행은 갈 수 있겠니
> 사랑해, 널 돕고 싶어
> 지쳤지, 널 도울께
> 말했어야 했다

 서로 말을 나눌 수 없는 상황을 맞을 때 누구나 가장 후회하는 일들이다. "말했어야 했다", 왜 깨달음은 항상 뒤늦게 올까? 다정하고 친절한 말, 사랑하는 사람에게 사랑한다고 말하는 일, 언제든 돕겠다고 말하는 일, 우리는 왜 상대방에게 가장 힘이 되는 말, 가장 안심이 되는 말조차 건네지 않고 살아가는 것일까?

> 외로움을 먼저 배운 너
> 나의 부재와 너의 상실
> 불안과 욕망으로
> 앓던 나 미쳐있던 나

나의 결핍, 결핍된 나
어딘가 묶여 아팠던 나

이번 일만 끝나면
이 공부만 마치면
이 논문만 끝나면
이 불안만 벗어나면

비껴가고 놓친 기차
수없이 유보된 오늘
믿을 수 없는 미래에
순순히 내맡겼다

―「엄마 되기」 부분

이 땅에서 일하며 자식 키우는 모든 엄마들의 죄책감이 여기에 있다. 아이 옆에 계속 있어주지 못하는 미안함, 엄마이기 이전에 한없이 흔들리고 한없이 욕망하는 인간이기에 '나됨'과 '엄마됨' 사이에서 이쪽으로 치우쳤다 저쪽으로 치우쳤다 하며 갈등하고 아픈 엄마들.

"이번 일만 끝나면/이 공부만 마치면/이 논문만 끝나면/이 불안만 벗어나면", 무엇이 소중한지 모르는 건 아니지만 눈앞에 산적한 이 일만 끝나면, 이 일만 끝나면 하고 미루다가 정작 가장 중요한 존재를 놓쳐버리는 우리의 삶.

헛된 삶이었다는 후회와 반성이 어찌 시인의 것이기만 하랴.

> 외롭고 우울해서 지루했던 유년
> 진지함은 거기서 싹텄고
> 이십대에 사회과학과 여성학을 만나
> 그걸로 성년에 전성기를 맞이했다
>
> 가벼운 장난, 농담, 웃고 떠들기,
> 울고 끌어안기, 이불 속 간지럼 피기,
> 물장구치기, 멍때리기,
> 춤추고 노래하기, 같이 걷고 뛰기
> 너와 함께하지 못한 것들
>
> ―「진지개떡」부분

억압과 금기가 많은 사회는 웃음을 허락하지 않는다. 우리세대는 그런 사회에 대해 투쟁하는 시절을 통과하느라 진지하다 못해 무섭게 굳어버렸다. 아들이 떠나고 나니 함께하지 못한 것들이 끝없이 떠오른다. 말랑말랑 살아 있음을 증거하는 가볍고 경쾌한 삶의 몸짓들, 반짝이는 생명의 기쁨을 함께 누리는 그 순간이 없었음을 고백하며 시인은 이제까지의 삶의 주조였던 진지함을 개떡으로 희화화하며 손절해 버린다.

그리고 속죄한다.

후회와 죄책감이 감정의 영역이라면 속죄는 적극적 실천의 영역이니 잘못을 저지른 대가로 깊이 반성하고 사과하며 선행으로 그 죗값을 보속하는 행위이다. 그러니 속죄 행위가 뒤따르지 않는 죄책감은 끝없이 되풀이되며 자기 소모를 불러오기 쉽다. 속죄의 우선 조건은 자기 잘못에 대한 통렬한 반성이다.

> 절친 다니엘에게 말했다지
> 좋은 아들이 되고 싶어
> 그러라 한 적도 없는데
> 영민한 무의식의 촉수
> 먼저 알아채버렸네
>
> 너무 열심히 살아 미안해
> 너무 많이 이뤄 미안해
> 세상을 바꾸려는 욕망은 과잉
> 자기를 바꾸려는 의지는 결핍
>
> 잘난 베이비 붐 세대
> 너무 넘쳐 미안해
> 너무 일해 미안해
> 너무 나대 미안해

속죄해야 할 세대들
속죄를 몰라
속죄를 잊어
속죄를 미뤄

더 미안할 수 없을 때까지
미안하고, 또 미안해

―「속죄」 전문

　좋은 아들, 나쁜 아들이 어디 있으랴. 자식은 그저 존재만으로 소임을 다하는 존재이거늘. 그런데 '영민한 무의식의 촉수'는 부모의 바람과 사회의 판단을 알아채버렸다.
　시인은 거듭거듭 미안하다고 사과한다. 너무 열심히 산 것도, 너무 많이 이룬 것도, 과잉된 욕망도, 결핍된 의지도. 시인 개인의 태도나 의지를 넘어 시대의 문제로 확대시켜 '잘난 베이비붐 세대'를 호명한다. 한국 전쟁 이후 1970년대를 지나면서 폭발적인 경제 성장을 이뤘지만 오늘날 젊은이들이 당면하고 있는 거의 모든 문제를 양산하기도 한 세대. 무엇이든 지나치면 독이 되는 법, 너무 넘치고 너무 나대서 미안하다고 사과한다.
　나 역시 늘 의문을 가졌다. 우리 세대가 모두 열심히 더

나은 사회를 만들기 위해 최선을 다했는데 지금 이 세상이 우리가 세우고자 했던 사회인가? 어디서부터, 무엇이 잘못된 것일까?

무엇이든 '할 수 있다'는 이데올로기에 세뇌된 채 성취의 욕망을 향해 질주하며 지금도 사회 전 분야에서 부끄러움도 수치심도 벗어버린 채 청년들의 기회를 모두 몰수한 채 기성세대로서 기득권을 강고하게 지키는 모습을 볼 때마다 부끄럽고 미안하다.

자식을 앞세워 보낸 시인은 누군가의 자식임에 분명한 청년들이 죽어나가는 세상을 만든 데 대해 기성세대 전체가 속죄해야 마땅하다고 생각하고 어미로서 우선 먼저 사과한다. "더 미안할 수 없을 때까지/미안하고, 또 미안해".

3. 그럼에도 불구하고

자식을 잃고 부모는 어떻게 다시 살아갈 수 있게 되는가? 언어로 표현할 수 없는 깊은 슬픔과 고통을 불러온 참담한 상실을 자신의 삶과 연결시킬 때에야 가능해진다. 그것이 애도이다. 슬픔에 대해, 고통에 대해, 상실에 대해 말을 한다는 것, 그것이 애도의 과정이다. 말을 함으로써 우리는 자신의 상황을 자각하고 자기 존재의 책임을 자각한다. 사랑하는 사람을 잃어버렸음에도 불구하고, 그 상실이 가져온 변화로 자기 삶의 방향과 의미를 재구성해야 하는 것이다.

> 너 떠난 후
> 수없이 물었다
> 너 없는 세상 어찌 살아야 하나
> 종국엔
> 네 죽음이 아니라
> 내 삶에 관한 질문
>
> 죽음이란 게
> 시간의 마지막 매듭
> 모든 것의 끝
> 그게 아니라면
>
> 블랙홀 넘어 뜻밖의 카이로스
> 첫아기 첫울음에
> 첫눈 내리는
> 그런 사건이라면
>
> 다시 물어야하네
> 내 살아있는 죽음과
> 네 죽음의 살아 있음을

 심장 깊숙이
 끝내 어두워 가장 빛날지 모를
 네 죽음 조심스레 끌어와
 매일 스스로 죽는다
 너와의 마지막 연대로서의 죽음
 내 삶의 방법으로서의 죽음

          ―「질문 2」 전문

 세상이 무너지는 충격 앞에 선 사람은 질문에 질문을 거듭할 수밖에 없다. 시인의 경우 그것은 "너 없는 세상 어찌 살아야 하나"이다. 아들의 죽음 앞에 선 어미는 한번도 떠올리지 않았던 질문, 아무도 대답해주지 않는 질문을 수없이 던진다. 그 질문 끝에 시인은 죽음에 대한 기왕의 전제를 해체하고 새로운 가정을 세운다. 죽음이 "모든 것의 끝/그게 아니라면", 그리고 "카이로스라면". 카이로스는 어떤 사건이 일어나는 특별한 때나 기회로서 신과의 관계성 속에서 일어난 사건을 의미한다. 또한 현재를 밝히는 순간의 섬광이기도 하다.

 생물학적 죽음만이 죽음이 아님을 절절하게 체험한 시인은 '내 살아있는 죽음과 네 죽음의 살아 있음'을 다시 질문함으로써 "너와의 마지막 연대로서의 죽음/내 삶의 방법으로서의 죽음"에 대해 숙고한다. 죽음의 의미를 전복

시킴으로써 시인은 삶과 죽음에 대해 이전과는 다른 조망을 얻게 되고, 새로운 의미를 발견하며 그 결과 삶의 방향을 전환한다. 그것은 '너의 부활을 찾아/골고다 언덕길을 오르는'(「성주간」) 일이며 '죽은 네게 나를 내준다는 것'(「엄마 되기」)이다.

> 어둠을 영광으로 알겠습니다
> 슬픔과 외로움에서
> 빠져나오려고 애쓰지 않겠습니다
> 창조의 달디 단 과실로 여기겠습니다
> 어둠을 깊이 사랑하겠습니다
>
> 슬픔과 우울, 어둠을 용서하세요
> 당신이 내게 허락한 것
> 그 안에서 당신의 법을 따릅니다
> ―「아침 기도」부분

삶은 우리가 통제할 수 없다. 피할 수 없는 고통과 슬픔에 맞닥뜨렸을 때 인간적인 욕망은 그 고통에서 도망가거나 피하는 것이다. 그러나 시인은 '빠져나오려고 애쓰지 않겠다'고 '영광으로' 알고, '깊이 사랑하겠다'고 기도한다.

삶의 신비 중의 하나는 삶에는 언제나 모든 것이 들어 있다는 것, 고통에서 도망치고 싶은 욕구를 물리치고 나면 겨울이 봄에게 길을 내주듯 고통이 우리를 열어 준다. 그 열림이 우리를 새로운 길로 이끌어간다.

고통과 역경 속에서 찾는 희망은 '액자에 걸려' 있고 '유보'되었지만 '스스로 뚜벅뚜벅/걸어 나올 때'(「액자에 걸린 희망」)가 오기 마련이다. 물론 이때 "희망은 무언가 결국 잘 되리라는 신념이 아니라 어떻게 되든 결국 의미가 있으리라는 확신"(마크 네포, 박윤정 옮김,『그대의 마음에 고요가 머물기를』, 흐름출판, 2017)이다.

「축복해 주오」는 시인이 새 길을 찾았고, 그 길을 걷고 있음을 보여준다.

　　슬픔 속의 기쁨
　　기쁨 속의 슬픔

　　고통의 내피에 솟아난 환희
　　아픔의 내벽에 달라붙은 희망

　　서로 배신하지 않고
　　버릴 수 없고 버려지지 않는
　　슬픔과 기쁨의 강

　　한 번도 가보지 못한 길
　　이토록 낯설고 오묘한 시간

이토록 새로운 삶

그대여 축복해 주오

—「축복해 주오」전문

2021년 11월 6일 허성우는 대한성공회 대전교구에서 종신부제 서품을 받았다. 종신부제란 직업적 성직자와 달리 평생 부제로 남아 사제와 공동체를 섬기는 평신도 성직이다. 그는 "한 말씀만 하소서, 제가 곧 나으리이다"(마태 8:8)를 서품식 성구로 삼았다. 성구에는 슬픔과 고통 속에 있는 모든 사람들이 하느님의 말씀 안에서 낫기를 염원하는 마음이 그대로 담겨 있다.

자신의 상처를 다른 사람을 치유하는 원천으로 삼은 그의 행로를 보며 헨리 나우웬의 '상처 입은 치유자'를 떠올리지 않을 수 없다. 그는 '무거운 시간 끝에 (얻은) 평화(「그대를 잃지 않도록」)'로 사람들을 환대하며 공동체를 섬기고 있다. 우리가 타인의 고통을 없앨 수는 없지만 서로를 안아줄 수는 있지 않을까. 환대 속에서 그들도 상처와 아픔을 카이로스로 받아들여 새로운 비전을 위한 출구나 기회로 삼을 수 있게 되리라.

마침내 애도의 밤을 지나 '진행 중인 채 비밀인 채' 아직 없는 아들의 '바이블'(「성주간」)은 엄마를 구원하고, 엄마를 환대와 섬김으로 공동체를 구원하는 일로 이끌어가고 있다.

 '천년의 문'을 나선 사랑이 서로돌봄, 서로사랑의 길을 내고 있으니 아름다운 일이다. 슬픔과 기쁨, 고통과 환희, 아픔과 희망이 한 몸인 삶, 낯설고 오묘하고 새로운 삶, 그 길을 찾아낸 시인에게 축복을 보낸다.

The English Translation of Chapter 1

Mourning at Night

Translated by
Myung-Joo Kim, Prof. of English at Chungnam National University

I Don't Understand What They Mean

The grief of losing you,

They say I should get over it.

I don't understand what they mean.

The days without you,

They say I should live lightly nontheless.

I don't understand what they mean.

Stepping on the pain,

They say I should walk strong

I don't understand what they mean.

My life without you

Cannot move further.

My pain from dropping you

Cannot reach the beyond.

My haunting hurt never goes away

Since I cannot see you anymore.

Whatever they tell me to do,
I don't understand.

I Can Cry So Much Longer

For hours or even all day long everyday
For two days, three days, or a week
For a year or even several years
I can cry so much longer.

Yet I cannot laugh so long.
Laugh is merely an unfortunate mistake,
A short spasm around the mouth
Never staying long but waning away.

Tears, all too human,
Permeate all the parts of the body
Filling all veins and cells
To the full,
Anytime ready to burst out
Rolling into the infinite sea
Letting know their tansparency.

Only Once Again

Only once again

I wish I could see you,

You as a spirit.

I look around to have a glimpse of you.

No matter how hard I stare around

You are beyond my reach and touch.

My eyes hurt,

So I close them.

My body trembles to be laid down

Like dreary horizon,

Never ever filling the lack,

Flooded only with further longing.

The Door of a Thousand Years

Love is never enough.
To my questions, why, where, and when,
Here comes your answer like lightening,
Never likely to come,
Having been there but never seeming to be:
I needed more love.

The love I took for granted
The love I had completely forgotten
The love I desired only vaguely
The love I hurt by being judgmental
The love I stopped giving helplessly
The love I suspended in fear
All those loves I had for you.

All is over.
What will you do now.
No excuse will do.
Nothing can undo death.

〉

Quietly ending all the old questions on love

On the morning

Just as snow had stopped falling after all night

I step out the door of a thousand years

Following your steps.

My Spiritual Food

My spiritual food

Flows out of my body

Not into the body.

When I make a beanpaste pot stew,

It is not because of onion

When I chew grains of steamed rice, all of a sudden,

When I see a woman

Walking with her child hand in hand

When I cannot stand the old songs from the radio

At once it bursts out

Devastating the small woods.

Food of tears,

Tears of food.

My spirit is a small fruit

Born on the food.

Losing the One

After losing the one

Losing any others

Is not a loss anymore.

After the one's departure

Departing anyone

Is not a parting anymore.

After the one's absence

Any others that used be absent

Hide their bodies

In the darkness,

Folding up their heavy wings.

After the one's leaving this world

Everything left behind

Transcends its own fate.

Plants at the Balcony

I sought to see the unseeable.

Suddenly something came

Into the mind brimming with the seeking.

Little plants, flowers, and leaves

Huddled up at the balcony

Began to talk to me,

In that amazing afternoon.

In the air I breathe everyday

Something unseeable but alive

Sees all,

It understands

All the hearts, all the words, and all the acts.

When I firmly believe I can see the unseeable

Its glimpse is shortly allowed and then gone.

Red flowers and green leaves

Harbour mystery in them.

In a Dream

If I am fully blessed in love
If I get completely embraced in warmth
If a solid rock starts to flow like a stream
That's a dream.

Somehow
You come to me with a shining face.
Can I touch you? ask I.
Yes you can, say you clearly,
Your unreal body comes to me like real.
That's a dream.

Flickering with no promise of coming back
Like a petal that would never bloom ever
It's a key to the door that would never open.

Even if you are back,
Any moment of being blessed and
Embraced with you,

It's a dream

Intangible

Even with any sensitive feelers.

The Holy Week

On the Holy Thursday
I should've called you, asking
How are you? Isn't it hard?
What about the essay?
Can you go on a trip?
I love you and want to help you.
You must be tired. I will help you.
I should've said so.

Expecting I would see you soon
Neglecting even the Maundy Thursday
I caught my breath on the Holy Friday morning,
No realizing you were ending your life alone
There in the small room
Masturbating the world in bed.
Packing casually
I went out with a shopping bag
Into the shimmering spring
〉

In the same afternoon

When Jesus died bleeding on the cross

You went away so.

Jesus's death was undone by resurrection,

His Bible has been written.

I go up Golgotha hill

Searching for your resurrection.

Your bible is not written yet,

Only in process but in secret.

On the Holy Friday

Closing a deal suddenly

My life has also ended.

Flying

Void of space, arrow of time.
Lines pass through the spot
Infinitely intersecting.
Believed is there must be something, then.

You have flown over the sky.
You have flown beyond gravity
Into distorted timespace.
Seeking to hold you
Drawing numerous lines
I wonder if particles or waves,
Dark matter or Ether.

A spaceship, faster than the light,
May let me go back to the past
Like in Mr. Nobody or Interstella.
No way to undo anywhere though.

You have flown over the line,

Derailed, defected, displaced.
You have escaped from language
Not graspable anymore.

Milky railroad infinitely sprawling
Endlessly comes and goes
Leaving only dazzling ruins behind.

Question 1

Questions fly out like arrows

To be stuck like sharp spears when coming back.

Never return any answers to them.

Howl, shout, anger, and excitement.

Muddled messy canyons of passion

Extend from valleys to valleys

From mountains to mountains.

In the long labor,

After asking on love, wailing

Only parochial knowledge

Comforts the thirst.

Legs do not support the body anymore

But collapse.

Now I mean nothing as a sign,

Only a vague breathing mark,

A speechless comma,

An apathetic period,

An inverted exclamation mark,

A question mark even whose tail is hidden.

An undecipherable sign.

To the persistent old questions

For the first time,

Given is an answer, decidedly.

Question 2

After you left

I questioned so many times.

The world without you

How can I live it.

This is not about your death

But about my life in the end.

Death is the final knot of time,

The end of everything.

What if it is not so?

What if it is an event

An unhoped-for Kairos

Beyond black holes,

The first snow

At the first cry of the first baby?

I must ask again about

My living death and

Liveliness of your death.

Deep in heart

Cautiously pulling in your death

So dark it may be but the brightest in the end,

I die on my own everyday,

The death as a last solidarity with you

The death as a way of my life.

Question 3

Why, why, why,
Massive heads of question marks
Swishing their tails lively
May have come from there, partially though
From your parents' sperm and egg.

To shake out questions clinging
You loved knowledge but it betrayed you.
So You dared to depart from it, which means
You would depart from this world,
But you didn't care.

Every moment
Questions on questions are being piled up
Just as tears are burst out.
To my questions the land listens
But does not answer.

Implosion

Grief does nothing,

Just being done of itself.

Collapsing and reversing,

Drooping my head

Lowering my body

It kneels me down.

If grief has any power

It is only when it enables us to turn toward God.

We know only a little about God's world.

Human and God's laws,

We don't know how different they are.

Yet we don't die of grief.

It's God's promise and salvation.

Never turning back into time,

But only opening up to the external unknown,

The such will rip me through.

Two Pendulums

At the moment when I realize

You are not there any more,

Emotion becoming hackneyed,

Grief becoming obtuse,

Flow down cheap.

It's a worldly triumph of the small mind.

You have become a spirit.

Invisible though you may be

It does not mean your non-being.

Being and non-being,

Gain and loss,

Equal and unequal exchanges,

Any of them can never be exchanged

Never be weighed by the same scale.

A worldly pendulum

A God's pendulum

The two swing back and forth

Rocking unfairly.

That Makes No Sense

You are gone.

That makes no sense.

All the time before and after you are gone

People depart willingly everyday.

Those who are prohibited from life

Even from grief

Binding hard the innocent sheaves of tears

Stack them only in heart.

Today again as yesterday

Tomorrow again as today

Those who endure by chatting,

Pretending nothing matters

Are innocent.

Your endeavor to grasp

The ultimate meaning of life

Made a lot of sense.
Yes, indeed.
But it ends up with death.
That doesn't make sense.

In all that do not make sense
Floundering
I search for a meaning constantly eluding my grasp.
That doesn't make sense, either.

A Ship called Seweolho

Children and adults have died
Why, when, where, we don't know.
Truth stuck out its face for a moment, but
Its body is never shown.

People
Cry and cry again,
Gather and gather again,
Walk and walk again.

They are not the only ones who have died.
Your me, and my you
We are all dead too.

Truth is never salved.
With clenched teeth
Beating breasts and glaring eyes
Willingly, lightly, dubiously, only temporarily
You and I take it in.

⟩

What to hate

What to forgive

The unfathomable sea does not tell.

It endlessly surges

When death rides back and forth.

There are you and I.

Repentance

You said to your best friend Daniel, I heard:
I wish to be a good son.
I haven't told you to be such.
But your keen feeler in the depth of the mind
Detected it better than me.

I am so sorry for living so fiercely.
So sorry for getting too much.
The desire to change the world was too much, but
The will to change myself was too little.

Condescending babyboomers
Are sorry for too much success
Too much work
Too much brashness.

They are to repent, yet
Not knowing of repentance
Not remembering it

Only putting it off,

Until they cannot be forgiven anymore.
Forgive me, again and again.

Jesus on the Golden Crown

On the morning

Sunshine dazzling down

A package with its sender in obscurity

Arrived at you,

A gorgeous gold crown.

But it turned out to be

Exchanged with your son's life.

Death is as acute as lightening

As dark as pitch.

You should dance.

Whether a king or a fool

Showing red lips and white teeth

Whirling hair

Trailing a long robe.

People rush in, whispering:

Look, He must be Jesus

On the golden crown.

〉

Somewhat sad or strange

Shedding even unknown tears

Dyed mottled with myriad colors of emotion

People go to dinner in groups.

But Yukgaejang soup becomes cold and

Rice is stiff.

You are on the golden crown,

Cutting the wind slowly

Whether it's Caesar's or God's.

Don't Come Back

Don't come back to this world.
When I go to you later
I won't come back, either.

Life where death ends
Timespace where pain ceases.

Let go of all.
Let all answered
Let all accomplished.

Love spurting out every moment,
Let it pass like sunlight
Let it all flow down.

No reason to come back
No life to come back again.